만인시인선 · 89
밤하늘의 주파수

이애란 시집

밤하늘의 주파수

만인사

시인의 말

아침 이슬처럼 맑게 살고 싶어
20대 지리산에 들어가 나름 애쓰며 산 적 있다.
그 또한 어설픈 아집이었음을…….
힘든 삶을 끌어안았던 세월만큼
    영감의 왕래가 번잡한 것을
다 흘려보내고 남은 그리움의 뼈다귀들.
몸과 마음, 뼛속까지 아프게 뒹굴었던 것들이
항아리 속 보름달같이 말쑥한 얼굴로 올려다본다.
    이제 세상 것으로 돌려보내니
고뇌의 질량은 그만큼 줄어든 셈이다.

알움예가에서

차례

시인의 말 ──────── 5

1

햇빛 누드 ──────── 13
아침 이슬 ──────── 14
밤하늘의 주파수 ──────── 15
개기월식 ──────── 16
광대 ──────── 17
구름 환상통 ──────── 18
따뜻한 방심 ──────── 20
단풍 만다라 ──────── 21
공중정원 건축가 ──────── 22
아무도 말하지 않았다 ──────── 24
대나무와 새 ──────── 26
알람 시계에는 시간이 없다 ──────── 28
장맛비 ──────── 30

---차 례---

2

지형도 ——— 35
막다른 길 ——— 36
비자나무에 그대 이름을 걸어둔다 ——— 38
민들레 이정표 ——— 39
413 우체통 ——— 40
호접란 ——— 42
꽃이 어찌 그냥 피겠습니까 ——— 43
세상 꽃구경 간다 ——— 44
몬스테라 몸을 찢다 ——— 45
거미, 빛을 엮다 ——— 46
풍장風葬 ——— 47
알 박힌 첫사랑 ——— 48
미래로의 소환 ——— 50
봄볕에 마음 내어놓은 ——— 52

차 례

3

11월파 주의보 ——— 55
비타민나무에게 ——— 56
두고만 보시겠습니까 ——— 58
불멍 ——— 60
도깨비바늘처럼 ——— 61
정동진에서 ——— 62
아버지 몸꽃 피었다 ——— 64
애귀뚜라미 더듬이 세우다 ——— 66
어리숙한 고집 ——— 67
노래하는 장맛 ——— 68
오색딱따구리 ——— 70
마지막 말 ——— 72
한 끗 차이 ——— 73
죽음으로 덮지 못할 허물은 없다 ——— 74
쩡, 말씀이 내린다 ——— 75

차 례

4

상사화 —— 79
바위 연꽃 —— 80
손바닥선인장에게 —— 81
벚꽃, 하늘을 먹고 —— 82
모래바람 —— 83
모르는 것은 없는 것인가 —— 84
굴뚝 너머 —— 86
좁은 구멍 속 본향이 있다 —— 88
남천 —— 90
바람 따라 물결 따라 —— 91
푸른 별에는 —— 92
목섬으로 간 목련 —— 94
노란빛에 물들다 —— 96

|시인의 산문|
체험적 시공간의 울림 —— 97

1

햇빛 누드

마른 빨래를 걷다
햇빛이 부려놓은 몸 밖의 몸
투명한 살빛에 홀린 듯
양말 팬티 브라 밖으로 나온 입이
말을 건다 너의 축 처진 어깨
허리와 무릎을 기억한다

나인 듯 너, 너인 듯한 나
몸 없이 휘황한 몸짓에 빠져드는
오후 세 시의 몽환
망사 팬티 실밥이 나풀거리는
가을날 햇빛 무늬의 살랑대는 숨결
이별이 너무 산뜻 발랄해서
서러운 떠돌이 구름

비행기 흰 꼬리 여운을 따라가고
고추잠자리 브라를 입고
러브러브 공중 맴을 돈다

아침 이슬

밤의 무거운 깃털 털어내고
풀잎 코 끝에 앉은 새다
안개의 피와 살, 냉기의 호흡
불어넣은 투명한 새 심장은
반짝이 별의 졸음 쉼터

이슬 방울 속
땡, 맑고 고운 종소리
희맑은 크리스털 보석함 속
굴뚝새 떨구고 간 가녀린 여운

눈 한 번 반짝였을 뿐인데
오롯한 물방울 툭, 떨어지는데
아침 해가 하루를 굴린다

밤하늘의 주파수

별이 떨어진다 잠이 오지 않는 밤하늘에 시간을 잃어버린 새가 날아간다 잠들지 못한 밤하늘에 둥지를 떠나버린 이제는 하늘로 옮긴 기지국의 주파수로 묻는다 그대, 공중으로 쏘아올린 꼬리 없는 불꽃이 되었는가 공중도 땅도 없는 그 어느 세계의 라인을 훨훨 타고 있는지 불현 들리는 소리

   새와 별 다 잠들어도
   나에게로 쉼없이 보내오는
   밤하늘의 주파수
   밤새 귀 기울인다

개기월식

1

밤하늘 우주 쇼를 본다 태양 지구 달, 붉은 달을 보면 꿈속 나의 알몸 앞뒤 분별이 없다 환한 달 보면 보이지 않는 나의 내면이 보고 싶어진다

2

너와 내가 가깝다는 것, 속 검은 진실의 삽질일 테지만 가깝고도 먼 우리 사이 정답과 오답은 서로를 향해 부서지기 위한 파도의 물보라와 같은 것. 내가 나를 알지 못하니 내 안의 너를 알지 못한다 내가 모래알처럼 부서지고 작아져도 내 안의 조약돌 있다

3

6.25사변 때 달이 붉어서 난리가 났다던 할머니 말처럼 개기월식에 관한 소문의 민낯을 들여다 본다 얼음 속같이 환하게 비친 한 겹 벗은 여인의 알몸 뼛속 같이 검은 달 나온다 밤하늘에 빛나는 꿈속 같은 달빛, 당신의 환한 미소로 보이는 휘황한 밤. 생각은 두개골 사이 행성을 뚫고 나온 빛이 황홀하다

광대

   그네를 뛴다 날개 활짝 벌린 새가 공중 맴돈다 눈동자 새까만 천장 알전구처럼 반짝인다 분 칠한 눈, 코, 입 시간 거슬러오르는 연어 떼같이 생의 실마리 찾으러 가면 안팎의 음계가 다른 제 모습 뭉개며 줄 하나에 매달린다 들숨날숨 사이 오르내리며 천막 안을 밝히는 영혼의 결정체, 광채, 갈채가 버무려지는 순간 우리 모두 광대가 된다 새, 위태로운 줄 위로 날아올라 하늘 떠받치고 있다

구름 환상통

제주도 여행길에 오른
한 마리 새
양 날개 수평 가볍게 잡고
솟을 구름 뻥 뚫린 길
꽃봉오리 꽃잎 터지듯 날아오른다

활짝 핀 태양을 향해 나아가다
문득 만남과 이별, 우연과 필연
끝없이 되풀이될 것만 같은 혼돈 속
구름꽃 같은 기억이 둥둥

그대, 가뭇한 옷자락에 매달려 가는
통증 마디가 하얀 풍선처럼 부풀어 올라
라벤더가 보랏빛인지 핑크빛인지
상념이 이상 기류 속으로 빠져든다
비행기 꽁무니 빠져나온 하늘 눈창
태양의 눈물 스며든 홍시처럼 붉다

시퍼런 바다에서 건져올린
조가비의 해조음이
구름 통증 흩어버린다

새는 입꼬리에
둥근 실 꿰어 박음질하며
씽씽, 날아간다

따뜻한 방심

   대구 3호선 용지 방향 지상철 타고 거꾸로 가는 앞 좌석에 앉아 비의 자국 낭자한 바깥 풍경 본다 하늘이 투명한 물방울 지나 지상철 내부로 들어온다 후덥지근한 5월, 지상철 내부는 에어컨 바람권이다 검지손톱만 한 모기 한 마리 빛을 향해 얇은 날갯짓 헐떡거리며 또, 또, 또 꼬꾸라지고 뒤집어진다

생이 짧고 긴 것은
유리창 밖의 문제가 된 지금
그의 발 물방울 속 둥둥 걷고 있다
뻣뻣해서 어두워진 미생未生이
물방울 옷 입고 비상 중이라고

단풍 만다라

겨울로 가는 길목
곪을 만큼 곪은 환부를 열고 있는
그의 깊고 푸른 하늘이 마냥 즐거운 축제라는데

되돌릴 수 없이 눌러붙은 핏줄이
물길 더듬던 자리에 소금쟁이 그리는 동심원
검고 환하게, 가깝고도 멀리 퍼져나가는데

연못 바닥에서 깊어지는
황금 잉어 맴돌던 물무늬 속 거기

아아, 단풍 만다라

공중정원 건축가

나뭇가지 위에 세든 까치집
폭풍의 눈 천지를 흔들어도
폭설의 손 세상을 뒤덮어도

큰 나무, 작은 나무 짚과 흙 엮어
공중을 메우는 건축가
구멍 숭숭 마음 가는대로
귀 뚫린 치밀한 기법이다

예측 못한 일, 몸과 마음이 다 분주한데
그는 허물어진 잔해 속, 나뭇가지 물어다가
필수 조건은 착공이라며 다시 짓는다

먹고사는 것 말고 입고 사는 것 말고
구멍구멍 다 채우려는 것이
살림살이 서글픈 이유라며
수만 가지 걱정거리가 된 욕망의 뿔

비 오면 비 맞고 바람 불면 흔들리고
부서지면 새로 짓는다, 딱 이만큼만

창작의 기초는 살면서 터득하는 것,
허공 재며 살아도 흔들리지 않을 뚝심,
공중 날개 공법은 전문예술가용
현실과 이상의 경계 허문 꿈의 실현

아무도 말하지 않았다

*

새끼 한 번 밴 적 없는 암퇘질 거야 나름 먹고사는 방식대로 돼지고기 양다리 쫙 벌리고 성기가 펑크난 밑자리 코 실룩거리며 수컷 특유의 체취 탐색한다 번들거리는 외투 벗겨지고 탱탱한 엉덩이 오뚝하게 재단, 공동묘지 무덤 같은 등 간격으로 가슴 계급장 오리기, 어깨 위 물무늬 하얀 박꽃을 피우고 싶다더니 신선도 좋은 분꽃으로 떠올랐다

생의 마지막 무대인 드라이아이스

*

임하댐 물속, 깊은 잠에 빠진 날
예외 없이 냉장고에 입고
물은 물인데 물이라 하지 않는
냉기 좋은 고기처럼 이틀 더
이쪽 저쪽 동정만 살피다
나무집에 불붙으며 또 다른

세상 향해 활활, 변신할 것인가

살아서 피우고 싶었던 꽃
그의 사랑, 꿈에 대해서
아무도 말하지 않았다

대나무와 새

1
새의 숨비소리가 마디를 키운다
가난한 새의 울음소리 새벽 네 시의 잠 깨우고
빈 대궁 속 어제의 어둠이 솟구쳐
오늘 아침을 맞는다

우리는 모두 무엇으로 나아간다
대나무가 날개 펼쳐 바람꽃이 피고
우듬지 끝, 우주의 합창이 될 때
새는 시공을 울려 시냇물이 흐른다

향기로운 영혼이 반짝이는
밤하늘 별을 보며
오늘도 귀동냥하여 얻은 복된 길 따라
하루치 강물에 발 적시며 청, 청, 청 흘러간다

2
대나무는 긴 목 열어
빛으로 나아가는 새
빈 가슴 열고
새여 울어라

슬픔은 홀로 품은 눈썹달
어둠의 강 건너 올 때
풀물 배인 이들을 위한
하늘새 노래가 되리니

알람 시계에는 시간이 없다

짐짓 모른 척
수도꼭지 사이로 스며 나오던 물
개수대 아래 실개천 흘러 거실 바닥
비 맞은 나무처럼 퉁퉁 불었다

TV 뉴스, 팔 개월 내내 화마에 시달리던
유칼립투스, 홍수 잘 못 만나 떠도는 것,
지구 지붕 뚫려서라는데
우리가 무관심해서 인도양 수온이 오르고
점점 크게 더 넓게 지구 심장이
핵폭탄 구멍처럼 뚫린다는 나사의 보도통신

북극 같은 여름나기
지구 생명체 앞에 놓인
극명한 흑, 백의 운명인가

눈 감으면 해빙 조각처럼
떠돌다 사라질

너와 내가 붙잡을 수 없는 시침,
시계 밖으로 뚜벅뚜벅 걸어나오며
시간은 여기까지이다

장맛비

우당탕, 소리에 잠 깬다
늦저녁 폭우가 쏟아진다는 일기예보
영시를 넘어 적중한다

시간차 두고 도랑이 큰 강물 이루며
돌담을 위협한다
천둥, 번개 우르릉 꽝! 번쩍!
형광등이 살짝 흔들리며 버티칼 친다

하늘이 불안하니
그동안 지은 죄 살피게 된다
고백성사 뒤로 슬쩍 접혀 들어간 양심
속옷에 배인 얼룩처럼 누렇다
우당탕 꽝 번쩍

광활한 우주 속
손톱 안쪽 초승달 모양 희미하게
공벌레처럼 웅크린 나를 본다

벼락 맞은 밤나무
땅바닥에 꼬꾸라지는 순간, 번쩍
하느님, 피눈물이 생각난다

2

지형도

 하늘이 쏜 햇빛 시위 눈 따갑다 코 평수 넓혀 들숨 쉬다 안면 근육 파르르, 씨앗이 중심 잡고 날아오르던 하늘, 플라타너스 연두 이파리 연두빛 물고 열리는 무한 공중. 낮달의 하얀 문고리 잡고 당기니 천년의 은하수 강물처럼 찰랑인다 허물어진 옛 사원터 수액 올라, 새로 눈뜬 나뭇가지 위 봄을 택배로 주문한다 먼발치 진눈깨비가 밀어낸 지형도에 아지랑이 뭉게뭉게, 새 지평 열리고 하늘 가판 위 물오른 봄, 나를 부른다

막다른 길

심장의 검은 피, 깨어지기 쉬운
유리잔 속에서 찰랑인다
정오에 흩어졌던 생각들
한 곳으로 바삐 모여 들고

가냘픈 숨, 몸이 날개보다 작은 새의 공기 빠져나가며
밝아지는 어둠, 구름이 동승한 다른 이름의 둥지 위로
옮겨 앉는다

가족들의 고별사는 호흡 풀린
그의 정강이뼈 주변을 에두르고 있는데
하루하루 재봉틀 바퀴 돌리던
고무벨트의 피와 땀, 회한의 눈물,
손수건의 오버록 시접을 넘어설 때쯤
미세 촘촘 거름망에도 걸러지지 않는
생의 앙금 제로가 되는 걸까

눈감고도 갈 수 있는 길

스르륵 힘 가볍게 몸 풀고
막다른 길 어귀에 촛불 밝히는

비자나무에 그대 이름을 걸어둔다

1

 수십 년 전, 빛바랜 야외 기념사진 한 장, 키 큰 비자나무에 손 얹은 그가 꿈틀거린다. 두꺼운 책 속 전생을 책벌레 알처럼 품고 있던 사진 한 장, 부싯돌만큼 쌓인 먼지, 마른 냄새가 풀풀 날린다 이삿짐 정리하는 날 함께 가겠다는 의중, 세상 밖으로 뛰쳐나온 사진 한 장, 시위를 떠난 눈동자는 흰 무덤의 향기 좇고, 얼굴은 얼굴대로, 손톱은 손톱대로 실금 간 웃음 속엔 명암이 없다

2

 비자나무 뿌리 새끼줄로 꽁꽁 묶어 옮겨 심는다 넓고 깊은 흙구덩이 속, 사진을 한지로 곱게 싸 푸른 새순의 잔뿌리 꾹꾹 다져 묻는다 못다 한 청춘 지하에서 나무의 빨간 열매로 다시 피어나기를…… 푸른 새순의 향기로 빛나기를…… 비자나무 구름 사이로 쏟아지는 연두빛 햇무리의 환속이다

민들레 이정표

보도블록 좁은 공간 비집고 한 무리 민들레 행인의 눈길 끌며 자릿값한다 미화원 아저씨 앙증맞은 모습 차마 건들지 못하는 한소끔의 때, 흙의 젖줄 끊어진 꽃, 값없는 잡풀 손수레에 실려 사라졌지만, 노란 꽃 하얀 홀씨되어 바람에 흩날릴 때까지 생의 호사 누린 것

이정표 밑 행인들 시선 붙들고
마음결 부드러운 미소 풀어낼 수 있었던 것,
키 작은 민들레 사랑만 남아
내 가슴을 뛰게 한다

413 우체통

횡단보도 어깨 길 빨간 우체통
413번호 수인처럼 팔에 차고
핑크빛 향기 뒤안길 서성인다
꼭 올 것만 같은데
너는 기다리는 이유로 살아가잖아
머리 위 벚꽃 휘리릭 휘리릭
발밑 민들레 포롱포롱 토닥인다

가만, 누가 내 눈 들여다보고 있어
우체통에 콧김 입김 후후 불어넣는
중년의 여자 숙란 숙희 나란히 사진도 찍어
페이스북, 카카오톡에도 올리려나 봐

아직 나 여기 있다고
내 마음에 훅, 훅 들어온
기쁨과 슬픔 한데 버무려지고
홀씨 같은 친구들에게
한 번도 하지 못했던 말

견딜 수 있어, 괜찮아

413 수십 년을 한마음으로
버틴 세월 여명처럼 푸르다
어느 날, 소식 하나 안겨 오면
먹이 문 제비처럼 날아 보리라

호접란

 노란 하트모양 종이 왼쪽 가슴에 붙이고 거리에서 마냥 그대를 기다립니다 사랑받다 아주 외면당하면 거짓인지는 그리 중요하지 않아요 오직 살고 싶은 이 순간, 그대를 간절히 불러봅니다

 ―필요하신 분 가져 가세요

 선득한 십일월, 고개들 힘조차 없어
 이제 죽는구나 하고 마른침 모으려는 순간
 공중으로 붕 몸이 떠는가 싶더니
 화분 채 나뒹굴었지요

 햇빛 잘 드는 창가
 새끼를 뿌리에 달고부터
 접힌 허리 한 번 펴지 못한 채
 몸의 언어로 새끼 키웁니다

꽃이 어찌 그냥 피겠습니까

화단에서 십오 센티쯤 자란 노랑나리 화분에 옮겨 심었다 센 물줄기 견디지 못해 일자로 쭈욱— 뻗었다

며칠 뒤 나리가 누운 채 조그만 꽃봉오리 맺었다 삼일 지나고 고단한 몸, 손가락 두 마디쯤 노랑꽃 피웠다

그녀가 시든 숨결 몰아쉬며 꼭, 하고 싶은 말 나도 누군가의 뿌리가 되고 싶어 갓 태어난 생명 품에 안을 때 손으로 이어지는 강강술래 마술 같은 힘으로 둥글게 둥글게 세상은 돌아가고

나도 한 송이 꽃
꽃이 어찌 그냥 피겠습니까
너도 꽃 한 송이

세상 꽃구경 간다

　꽃, 나무 더불어 생기 찾고 싶어, 땅 후끈 달아올라 햇무리 연자 맷돌 돌린다 세월이 안개, 풀무치쯤으로 사라진 이듬해, 불어난 풀 더미와 버거운 눈맞춤, 정리해고 일 순위인 줄도 모르고 밤낮없이 땅과 하늘 풍덩풍덩 삼켜 덩치를 과시하는 환삼덩굴

　누군가 솎아내야 한다면
　늙어가는 우리 몫전의 일인데
　아아, 좀 살살 어룽지며 살아보자고
　일주일 후 꼭 살아서 얼굴 보자는
　신부님 미사 끝 인사말 데구루루 퍽,
　오늘 걱정 오늘로 충분하다
　안녕한 걸음들 찰랑찰랑 걸어간다

몬스테라 몸을 찢다

 어린 몬스테라 한 잎 두 잎 세 잎 눈 맞추다가 도르르 말린 네 번째 잎 펴질 때 갈라져 나온 어머니의 자궁 속 내 손, 발가락을 본다 저 꼭지 할매 주름투성이 손등에도 검푸른 잎맥의 혈 있다 긴 아픔을 건너고서야 내가 너에게로 간다 잠 이루지 못하는 밤의 긴 터널이 없었다면 사랑한다는 말이 말재간일 뿐 햇살 부서진 몬스테라 잎 사잇길 앞서간 얼굴이 새털처럼 돋아난다

거미, 빛을 엮다

거미가 은빛 월계관 엮다가
안갯속으로 사라져 가며 말한다
하늘만큼 부푼 한바탕의 푸른 꿈
한 방 빗자루에 날아가 버렸다

끈적끈적, 가까이 다가오던 파수꾼
한순간 서리처럼 차가워지기도 하는
먹구름덩이 한 점 뭉개진 곳에
햇빛 반짝인다

육십갑자 고개 넘어 다시 고요해지는 세상
갓 태어난 아가의 눈동자처럼
낯선 세상 가만히 들여다 봐야겠다

생의 미련 슬쩍 남기고 싶다
하루 피었다가 스러져 가는 꽃일지언정
그윽한 향기 남겨 그대 심장 뛰게 하고 싶은
기다림은 붉게 타오르다 사라지고
아쉬움은 다시 빛에 가닿기를 염원한다

풍장風葬

뒷다리 끌며 들길 어정거리다 나를 빤히 쳐다보던 얼룩 들고양이 한 마리, 다리 쭉 펴고 풀숲에 누워 있다 멀리 가라고 윽박질러도 꿈쩍도 안 한다 가던 길 멈추고 작은 돌 옆길에 던져본다 바람이 하얀 털 흔들어 깨운다 시간은 굳게 닫힌 종각의 문인 걸까 눈이 내린다 묵묵부답 바람의 속도 앞당겨질 것 같다

버드나무 위 까치 떼의 조문 쉿,
불문율은 저절로 사그라지는
갈잎 서걱대는 바람소리

알 박힌 첫사랑

꽃 피기 전
마늘종 뽑아낸다

쭉, 뽑히면 뻥 뚫린 고속도로 달리는 것 같고
툭, 꺾이면 모래성 와르르 무너지는 것 같다

너와 나, 오래도록 손톱 봉숭아 꽃물처럼
첫 설렘 그대로 붉겠다

사랑니 빠진 쪽, 쭉 한세월 앓다가
뺨 붉어진 밤 밝혀
봉긋한 가슴 부풀면
새벽 애련이 납작한 추억 손에 들고
푸른 달 펜 꾹꾹, 눌러쓴다

추억의 책갈피 속
코스모스 꽃잎 부서질까 봐
새벽비 내려 꽃향기 옅어질세라

마음은 창가 동동 맺힌 물방울

마늘종 뽑힌 자리
매끈한 얼굴 알알이 박혔는데
낯 설고 알싸한 느낌
이제 뽑아내야 될 것 같은

미래로의 소환

키 작은 엔젤트럼펫
백 개 화음이 천국 아침을 연주한다

화창한 알움예가* 웃음꽃 만발한데
병원 생활 일 년 만에 돌아온 그녀
하얀 나팔 소리 만발한 기념사진 속으로
뚜벅뚜벅 걸어간다

먼 훗날, 기념사진 속을 유영하던
트리케라톱스 화석 발자국 얼비친 하늘 물에는
꽃향기 풀풀, 언제나 파랑이듯

꽃송이 안은 나비의 입맞춤
모음 자음이 살짝 탈자 된
어느 사진 메모 속의 데자뷔인
천사의 키스

트럼펫 소리 붕붕거리던

아침의 기분
어찌 잊을 수 있으랴

* 동명면 기성리에 있는 나의 집 별호

봄볕에 마음 내어놓은

    어제 본 갈매기, 십리포 해수욕장에서 무의도, 실미도까지 이어진 갯내음, 두꺼비 붕붕, 뱃고동 소리 같은 뿌연 안개에 가린 팔미도 등대 뒤섬에 가닿으면 그 섬 어디쯤 뒤엉킨 실꾸러미들 데굴데굴 구르던 해변, 조막별이 내려와 누운 불가사리와 조가비, 목련꽃 사이 얼핏 여울지는 거기 이 땅 누구라도 한 번쯤 무궁화꽃이고 싶긴 한데. 간조 때 빈자들의 한 서린 숨결이 녹아든 갯벌, 햇빛 무늬 투명한 미소가 낮달 수레 굴리며 지나간다 봄볕에 마음 내어놓은 영령들 백목련꽃 향기로 달래니 이승 눈물 젖지 않는 무거운 꽃잎 떨구고 훨훨 날아가는 바람결에 봄빛 미소가 아프게 반짝인다

3

11월파 주의보

달력이 두 장 밖에 안 남았다는 계몽주의파, 아직 두 장이나 남았다는 낭만주의파, 내년 열두 달에 두 장을 더해주면 열네 달이 되는 미래주의파, 남은 두 장도 곧 사그라지리라는 허무주의파, 11월, 12월은 달력에 쓰인 숫자일 뿐인데 대출금 독촉장 받고 가슴 졸이는 심리주의파

잘게잘게 썰어놓은
도마 위의 대파처럼 맵고 아리다
눈 감아도 핑 도는 눈물 감추기 어려운데
옆 친구 마음까지 살펴야 하는 연말 달력
파 주의보 바이러스가 퍼져 나가는
찌푸린 하늘 별볼일 없다는데

비타민나무에게

7월 중순 팔공산 기온 37℃
비타민나무가 마당 뙤약볕에 서 있다
잎들, 눈 풀리고 숨구멍 좁히더니
이내 풀이 죽는다 스물두 해
세상 사는 법 다 다르니 지켜본다

땅속 물길 찾아 발 내딛고
하늘나팔 불 때까지 하루하루
쓴맛 삼키며 나아간다

모정은 끓을수록 더 여물어지는 거라고
먼 하늘 구름 보며 중얼거리다가도
축 처진 어깨 높낮이부터 재게 되는데
어제, 오늘의 태양이 다르고
부모가 그러하였듯 불볕더위에 선 자식들
성숙해지는 중이라고
믿어 보는 것이다

뿌리가 시련을 딛고
새로 얻을 태양빛 비타민 열매
상큼한 별 총총 매달
단내 미리 헤아리는 것이다

두고만 보시겠습니까

동백나무가
아침 공기 헤치며
툭, 던지는 말

결단을 내리시지요 하루가 다르게 무성해져요 나의 도자기 흙집은 물빛 후리야 치마 같아 일 미터 넘는 광폭인데요 집에서 햇빛 잘 들기로 손꼽히는 자리요 바람까지 잘 드는 곳인데 점점 목을 죄는 검은 손아귀에 눌려 숨쉬기조차 힘들어요 발목 얽어매고 몸 벽쪽으로 밀어붙이고 혀 차며 자기 집인양 어깨 드잡이도 한다니까요 언제 어디서 왔는지 슬쩍 뿌리내린 버드나무가 왕성해져 운신도 못한답니다

오빠가 보내준 입주 선물,
동백나무가 생사를 걸고 하는 말
정말, 두고만 보시겠습니까

아아, 나 평생

동백꽃처럼 붉고 들뜬 가슴으로 살았지

세간의 이목만큼 치열했던
혼수상태인 양 그렇게

불멍

마당 옆 아궁이 장작불 지핀다
세상만사 장작불처럼 시뻘겋게 달아올라
한번 불붙으면 쉽게 꺼지지 않는다
풍엽초 꽃머리채 하늘거린다
만 갈래 생각 놓아버리려는 것이다
눈길에 사라진 길,
무심히 나를 내려놓는다
잡다한 생각이 불꽃을 관통하여
정체 모를 이름에 가닿을 땐
나, 여기 없다

땅이 썩은 거름으로 생명 틔우듯
살거나 죽거나 땅에서나 하늘에서나
불을 관통한 잿빛 봉인된 말씀,
이것은 예행연습
참된 나 찾고 싶은 것이다

도깨비바늘처럼

 겨울 묵정밭 걷는데 강풍에 기울어진 족구장 울타리가 막대기 붙들고 간당거린다 잡풀들 부석부석 쓰러진 몸들 사이 새들 낯가린 것 보인다 치마저고리가 너덜너덜 쓰러질 듯한데 눈바람 불어도 꿋꿋이 버텨내고 있는 저 애원, 누군가의 바짓가랑이 신발 끈에 매달려서 어디라도 좋으니 데려가 주오

 백 년을 하루 같이 오사카 방적공장에 갇힌 조선의 여공들, 빨간 벽돌 담장 너머 바다 건너 조선 땅에 발 딛고자 이름조차 모골이 송연한 도깨비바늘 되어 하염없이 기다리다 그대, 옷자락에 바람 풀어 날리며 나 여기 있소, 나 여기 있소, 부디 날 좀 데려다 주오 휘이, 정령들 휘파람 소리 하늘땅 어디라도 불어 날린다

정동진에서

동대구역 출발 정동진 무박 열차 여행
두 사람이 한 곳을 보며 달리다가
이빨 빠진 운명의 바퀴 덜커덩, 덜커덩
밤기차 탄다

동공이 엮은 거미줄에 이슬 반짝이고
먼 산 외딴집 불빛 온기에 울컥, 목구멍 쓰리다

창가의 전속 공연은 휙휙,
까만 옆줄 긋기는 생각지우기
철커덕 철커덩 반복음에 깜박, 잠이 들기도 하고
눈보라가 여지없이 사람 발자취 덮는다

눈발로 채우던 바람, 귓불 차갑게 얼린다
정동진 모래톱 역풍 맞아
흔들리고 부딪치며 깨어진다

바람은 살과 뼈 사이 숨 막히는 통증 불어넣고

더 큰 사랑 얻게 된다고
하늘로 치솟는다 철썩철썩,

온몸으로 바다 품은
저 붉은 해의 선혈, 세상 어찌
그냥 밝아지겠는가

아버지 몸꽃 피었다

아버지, 일흔여섯 탄내 나던 가천리 웃가골 들판의 추수를 마치고 달성공원 나들이길에 뇌출혈이 덮쳤다

입에 붙은 말 질긴 게 목숨이라더니 전쟁에 대한 속죄의식과 대가족 종손으로서 아우네 식솔들까지 돌보며 살아온 그 굴곡 많았던…… 숨결에서 벗어난 얼굴 주름 더없이 편하다

모시나비 몸에서 피어나는 꽃물, 자식들 가슴팍에 꽂힌 긴 대롱 같은 말 아버지 몸에 꽃 피었다

흙에서 나서 흙으로 살다 흙에 몸 보시하고 부드러운 바람처럼 한없이 풀어내는 수행자의 분향, 마디마디 속절없이 타오른다

당신의 겉옷 흙에 묻어주고 돌아오는 길
하늘땅 주검 노을빛 들판이 한데 어우러져 텅. 텅. 텅 울린다

해그림자 흐린 눈동자 속 쑥부쟁이가 쏘아 올린 별이 뜬다 휘릭, 흙 내음 콧등에 내려앉아 나를 어르던 아버지 손길인가

애귀뚜라미 더듬이 세우다

애귀뚜라미 한 마리 목욕탕에 들어왔다
어떻게 들어왔을까
다시 돌아가라고 일 미터 거리 두고
발 쿵. 쿵. 쿵

가던 길 위에 서서 더듬이를 세운다
여섯 개 발가락 버둥버둥 허공 할퀸다
붙잡힌 손아귀에서 과한 몸짓,
에프킬라 쑤욱, 뿥을 수 있는데
길 없는 길, 돌아가야 하는 길 알지 못해
절망보다 깊은 풀밭을 향해 촉 세운다

퐁퐁, 싱크대 젖은 수세미 새싹처럼
더듬이 망에 걸린 거친 운명이
때론 순해지기도 하는 것이어서

어리숙한 고집

엄마는 세례 받고 돌아가시기 전 조상 묘 정리했지. 자식들 고생 안 시킬라꼬, 힘든 것 나쁜 것 있으면 다 내가 짊어지고 가야제. 요즘은 다들 참고 살면 큰일 나는 줄 알지만 지나고 보면 다 알게 되는 기라. 착한 것도 저축맹키로 습관이 되야 하제. 내야 다른 거 없어, 자식들 복 받아 잘 되게 해 달라고 조상 모신 일은 다아 그런 맴으로 신을 모시는 일이제. 하느님, 부처님 그 무슨 신 무슨 신에게 빌면 마카 착하게 살라 하지 않더나. 저승은 한 번도 안 가 본 곳인 게. 죽는 것은 무서버도, 선한 힘이 우리를 돌본다는 맴 하나로 편하게 가야제. 뭐, 별 수 있간데.

노래하는 장맛

1
어머니 돌아가신 지 10년
끈 떨어진 방패연처럼 허공을 떠돌다

하늘
   땅
      바다

어디 계시나요. 어머니

2
곰곰이 생각해보니
살아생전 정성 들이시던 장독
그 안으로 들어가 본다

잘 익은 흙빛 장이 투명한 맑음이다

톡, 톡, 톡
   톡, 톡, 톡

살아있는 장맛,

   3
천상 어머니 숨결 담은 기도 소리

  달다,
     달다,
        달다

골고타 십자가 길에서 만난 예수 마리아처럼
삶이 힘겨워 볼 수 없었던 어머니 미소
가나의 혼인 잔치 항아리 술맛처럼
여기, 여기, 여기라고 노래하는 장맛

오색딱따구리

   한 마리 참나무 달라붙어 오후 세 시를 향해 콕, 콕 찍어대는 가산산성 숲 속 너럭바위에 앉아 개별꽃, 복수초, 현호색, 노루귀, 제비꽃 꽃바라기 하다 눈높이 솔솔 바람 인사한다

좀, 들여가도 되겠니
내 마음의 강여울 나무에 물구멍 틔우고
물푸레 잎 풀린 물에 마른 머리 헹구며
나는 푸른 나무속, 들어가
나이테 방향으로 맴돌다
촘촘하고 둥근 심지를 향해
모였다 사라져 가는 동안
한적한 바위 무릎에 앉아 멍
볕뉘, 때린다

멍, 멍, 멍
산 아래 개 짖는 소리
숲 최면에서 몸 깨어나는데

친밀한 유리벽에 갇힌
춘곤증은 어쩌지

마지막 말

간암 판정 받은 어머니
팔십구 년 잘 익힌 씨장맛 같은 말
귀보다 먼저 혀의 빗장이 걸린다

―나 아직 여기 있어.
마지막 말은 신의 허락

　*

　병문안 오면 서른일곱 살 손자 장가갈 아가씨 소개하라던 팔남매 막내며느리로 시집와 칠남매 낳아 자손 번창시키고 가난한 홀어미 셋방 살림에 삼대 조상 모시던 일 제일 으뜸으로 여기신 가계 매듭짓고 싶었던 거다 평소 너희들 오붓이 앉아 밥 먹일 때가 제일 행복했다던 당신의 얼굴, 시름 훌훌 털어버린 살아서 한 번이라도 보고 싶었던 갈매기 팔자주름 팔다리 쭉 펴고 있다

　세상을 등진 말문 닫히고
　눈꼬리 맑은 음 고였다가 주르륵……

한 끗 차이

좁은 길 가다 마주 오는 사람을 만났다 무심코 정해진 위치에서 각자 왼쪽, 오른쪽 방향 잡고 발길 옮기다 아차, 하는 순간 돌멩이 헛발질에 낭떠러지로 굴러 떨어졌다

피의 흐름과 멈춤, 한 끗 차이로 여유가 사유가 되기도 하는데 낙상도 절묘한 타이밍에 일어난 일 중의 하나라고 달 뜨거던 해 생각나고 먹구름 보면 무지개 생각나고 풀 푸르면 바다가 생각나는데 들꽃 헤적이던 무당벌레 더듬이 굴린다

지금 쑥대머리로 대지에 누워 나를 일으키는 불면의 바람아 하늘이든 바다이든 그 너머 어디라도 좋으니 민들레 홀씨 소풍 옷 갈아입듯 포롱포롱 날아보고 싶구나

죽음으로 덮지 못할 허물은 없다

처서 지난 풀잎, 이슬 차갑다
―엄마, 내 머리 좀 낫게해 주이소
자식은 여전히 보채고
어머니, 더 이상 가까이
오지 말라며 가슴 둥글게 부풀린다

선자리 누운 자리
팽팽한 선로 위를 달리는
무덤 바깥은 강철 같다 할지라도
무덤 안은 따뜻한 마음으로 이어지리라

차가운 풀잎 이슬
영혼의 고리는 맑고
어머니와 아들 사이에 놓인 눈물
하늘스런 물꽃은 향기로우니
모든 일에는 제때가 있는 법
이천이십삼 년 오빠 영면하셨다

쩡, 말씀이 내린다

    두 손 꽉 쥐고 정신 모으고 마음 다해 기도한다 푸른 뱀의 해, 을사년 서른세 번의 종소리가 초대형 철갑상어의 이빨이 되어 돌아오지 않을 거라고, 내 탓이요라고 가슴 치며 자신을 돌아볼 줄 알아야 하는 거라고, 민들레 홀씨는 땅의 노랫소리로 드높이 날아갈 거라고, 촛불은 소리 없이 빛을 내고 깃발은 하늘 움직여 소리를 얻는 거라고, 순수한 가슴의 주홍 글씨는 어두운 구멍 뚫고 나와 빛의 표징이 된다고, 들을 귀 있는 사람 알아듣고 자신의 것으로 울 줄 아는 사람이 참된 사람이라고 쩡, 쩡, 쩡, 말씀이 내린다 허공을 휘감아 돌던 회오리바람이 종의 가슴 울린다

4

상사화

보일 듯 잡힐 듯 열리지 않네
무지개 피었으니 꽃 보겠다 하니
심장의 꽃구름, 굽이진 다랭이 논길 같아
아, 목마름은 석양의 긴 꼬리 붙잡고
활활 타오르며 붉기만 하더라
꽃잎이 잎을 가려 보지 않으니
이별을 한낱 의미 없는 몸짓일 뿐
너와 나, 땅속 웅크린 어둠의 한 뿌리
횃불 향해 환청처럼 떠돌다가
마침내 터트릴 환호성
무르익지 않은 환도뼈는
아직도 울고 있네

바위 연꽃

삭도 타고 화산*을 오른다
첩첩 봉오리들 봉긋봉긋 벙글고
몸 열기와 마음 열망으로 피어난 북봉
정상 오른 빨간 리본들
구름처럼 품새 없이 나부낀다
몸과 마음 훌훌 털어내고
내려오는 길
바위 연꽃,
한 잎 한 송이씩 활짝 피어난다
나도 꽃술로 내려앉아 나풀나풀
춘삼월 호접몽인가

*중국 서안에 있는 산

손바닥선인장에게

   그는 태양 빛 검붉은 땅 멕시코에서 왔다 K팝 바람 타고 부팅된 흡인력 좋은 공기청정기처럼 풍진을 온몸으로 맞는다 뙤약볕과 눈보라도 꺾지 못한다 그가 터득한 생명력은 신적이다 이 악물고 버틴 세월이 백 년이란다. 아니, 천년도 더 버틸 수 있다 산초 잎은 주름잡힌 얼굴은 처연한 세월이 달아 준 계급장이다 햇빛 좋은 오월 피어나는 꽃숭어리, 드러내놓고 방긋방긋 웃으며 내게 손 내밀며 다가온다 침 한 방으로도 심장의 핏물, 온몸 찌릿하게 전해진다 그는 지구 뒤편 멕시코에서 온 손바닥선인장

벚꽃, 하늘을 먹고

하늘이 벚꽃 밥 되어주는
화사한 말 풍경
긴 가뭄 끝 단비에 식욕이 솟고
하늘 샘물 한 입 떠서 꿀꺽꿀꺽
뒤태가 싱싱한 비 개인 아침
단산지 부화한 개구리 알처럼 와글와글
벚꽃 긴 꼬리 포로롱 흩날리는 식탁
벌은 벚꽃 먹고 벚꽃은 하늘 먹고
누군가에게 밥 되어주는 몽환적 식탁
나는 너의, 너는 그의 그리움 먹은
허공 입 벌리면 환한 박하향 난다
펠리컨 제 몸 새끼에게 내어주듯
하늘이 벚꽃에 먹히고
오늘도 깜깜무소식인 너에게
나는 꼭꼭 씹어 먹힌다

모래바람

모래톱 걸어가는 쌍봉낙타등

커다란 눈망울 속 흑흑, 저 순한

짐승의 목에 고통의 방울 찰랑댄다

목탁 소리 귓전 울리는

저승 문턱 넘나들던

희맑은 옹달샘에 솟는 풍경소리

탁발 가는 부처처럼

모르는 것은 없는 것인가

　　*

젤리는 여기 있는데, 할머니 인형은 어디 있어요

　　*

이스라엘 성지순례길, 가나의 성 요셉 성당 미사 중, 어떤 힘에 이끌려 쑥— 빨려 들어간다 조리개가 닫힌 세상, 아득한 시공간 어디에서 멈춘 듯 층층 깊고 내밀한 곳으로 순간 이동된 것일까

　　*

다시 눈 앞의 제단 불빛 아래 펼쳐지는 광채, 예수 십자가에서 지그재그로 깨어진 유리 조각 무늬 모양의 빛 갈래가 한 겹 두 겹 세 겹…… 하얀 다홍 빨간빛이 퍼져 나와 제대 넘어 세상을 향해 열리는 것이다

　　*

생각 밖의 것을 신비라 하자 말머리 얹거나 말꼬리를 달 수 없는, 다홍 물결에 가슴 여민 영혼, 찬미가 절로

터져나온 뒤에야 주검처럼 뻣뻣하게 굳어진 내 몸의 근육 마디마디가 풀리는 것이다

  *

 영혼의 충만함이 스민 오솔길 찾아 걸어요

  *

 참된 것은 삿됨이 없도다

굴뚝 너머

언제나 하늘을 날고 싶었던
형형색색 종이비행기
그 소망의 꼭짓점 향해
한순간 불쏘시개로 몸 꽁꽁
접힌 채 솟아오를 불꽃놀이
생의 욕망은 화롯불처럼 활활 타오르고
숭 부푸는 애드벌룬 동티 나면
숯검댕이 잿가루로 풀풀 날릴 수도 있는데

굴뚝 빠져나간 흰 연기는 풀린 실타래
명복공원 나무 코드 이름들
도깨비불처럼 바삐 입, 출력되고 있는 중에도
망자가 가망의 덫 주변을 서성거릴 것만 같아
유족들 팍팍한 입맛은 목젖을 넘기지 못해
목울음이 아메리카노 커피 속으로
그렁그렁 넘어갈 즈음

불빛마저 꺼진 이름

하얀 종이 자락에
휘감긴 뼛가루가
깜깜한 이별 앞에서
하늘 붓필 휘갈기는
저 한없음
가벼운 無일까
무거운 환희인가

좁은 구멍 속 본향이 있다

1

개미가 땡볕을 메고 신기공원 잔디밭 흙더미 속 길 찾아간다 미로 여행은 황금빛 구름자리 위 올라앉은 해는 염원의 우주, 달빛 벗 삼아 피는 달맞이꽃에 아침이슬이 어두운 밤 지나 하늘에 가닿는지 물어본다

2

성지순례 미사 중, 성체의 종소리 속으로 빨려 들어간다. 나는 우주 밖 티끌처럼 작고, 영적 경외는 광활하여 세상 무엇으로도 채울 수 없다 영원한 나라인 걸까, 새 조개 문양으로 우러나오는 황홀한 빛, 세상 모든 어둠 사라지게 할 평화와 안식이다

3

영안으로 깨치는 빛의 세계, 감미로운 오렌지빛이 끝없이 펼쳐진다 마른 물에 흠뻑 젖어드는 시공의 비익조가 날아오른다 몸과 영 분리되는 순간, 부드러운 노을빛

은 햇살 품은 하느님의 미소, 나는 시작도 끝도 없는 그 빛의 충만함을 본향이라 새긴다 .

남천

쪽빛 통영바다
가슴에서 뚝뚝, 푸른 물소리
찰랑댄다 어린 꽃 시절
갱물 내음, 살 내음이 콩콩댄다
엄마의 남천 나들이옷은
붉은 공단 치마저고리

어스름 노을빛에 어린
풀벌레 노랫소리에 안기면
운다고 내 사랑이 오리오
흥얼흥얼, 노랫가락 들리는
가슴의 뜬 반달,
토끼 귀 쫑긋거린다

바람 따라 물결 따라

내가 나를 풀어놓으니
땅 위에서나 물밑에서나
나는 이전의 내가 아니다

먼 훗날, 왕왕 나부끼는
벚꽃잎의 그림자 속 보며
너와 나의 뒷모습 마주하게 되리니
너는 너대로 나는 나대로
살아온 이유가 되는
원점으로 돌아가고 있음을
알게 되리라

푸른 별에는

196305201732 때를 맞춰
지구별에 도착했다

착륙 도움닫기 전, 보슬비 내림, 깜깜한 갱도를 무사히 빠져나왔는데 허공에 뜬 기분 마구 허우적대다 찰싹, 엉덩이 맞고 '으앙'하면 안아주고 젖 주고 기저귀가 뽀송해지고 울음 품은 엄마별 재크나이프처럼 째깍째깍 움직였지요 큰 언니는 내 아기집을 바다로 보냈어요

짜고 쓴 바다는 눈물도 소용없지만 그리운 별무덤 총총한 바빌론의 아미티스에게 공중정원이 생기 돋우듯, 이 낯선 별엔 엄마의 눈맞춤이 있어 경기없이 포근히 잠들 수 있었지요

십 년 전, 이웃 별나라 시민이 된 엄마의 안녕한 미소 찍힌 이정표는 다른 항성으로 갈 때 필요할 것 같아 영혼의 숨결 어디쯤 쟁여 두었지요

지금은 중간역, 보이지 않는 깊은 바다에서도 영혼의 등불은 꺼지지 않아요 눈 감으며 잠깐 밝아지기도 하는 빛을 걸고 맹세한 사랑은 별빛이 푸르다 했어요

가슴 시리도록
푸른 별은 처음입니다

목섬으로 간 목련

아지랑이 춤추게 하는 춘삼월
목련 꽃봉오리 볕 먹고 송이송이 부풀어 오른다
좋은 소식 있을 것 같은 간조 때
선재도에서 목섬 간다
출렁출렁, 몸과 마음 징검다리 위
갈피 없이 추는 갈매기춤
달문 열려 새조개 손잡고
모래벌 양 날개 길 따라가니
하얀 조가비 총총 누워 하늘바라기하는 목섬
땡감으로 떨어졌던 이름들 물물이 밀려오는데
어머니, 아버지, 오빠, 성이
파도가 모랫길 뭉게며
갯벌 내음 사르륵 불어 날린다
모래알 흩날리는 사금파리
윤슬 금방울 울리다가
꼬막 뱃소리에 뭉텅, 잘려 나갈 때
집 목련이 생각나고
달과 목련,

서로 다른 길을 가다가
물때 맞춘 엇각에서 만나면
풋감의 떫은 맛 그대로
텅 빈 바다 유영하다 사라진다

노란빛에 물들다

　하얀 잔치국수 말아 먹은 입들 천년의 구름 몰고 와요 나이테 돌고 돌아 노란 잎들 풀어놓아요 은행나무 긴 팔로 사람들 그늘진 어깨 토닥이다 굵은 은행 제판 위로 던져주어요 '나무가 영검하다' 칭송들 늘어져요 은행나무 막걸리 한 사발 들이켜요 상석에 올라앉아 절 받는 고사장 돼지머리 귀 걸린 입꼬리 죽어서도 좋은가 봐요 노란 축문, 은행나무 견뎌온 인고의 세월 세상을 밝히는 등불이래요 그 빛 물든 길 힘들수록 빛은 환하니 정말 신기하네요 노랗게 노랗게 색에 빛 더해진 사람들, 고운 빛 흐르고 흘러 세상 환해요

| 시인의 산문 |

체험적 시공간의 울림

1

나는 왼종일 새앙쥐 같은 눈을 뜨는 바다를 보고 자랐다. 나의 고향은 통영이다. 통영은 문향文鄕으로 청마 유치환, 초정 김상옥, 대여 김춘수 등 훌륭한 시인들을 배출한 시의 고장이다.

김춘수의 「처용단장」의 서두에 〈바다가 왼종일/새앙쥐 같은 눈을 뜨고 있었다./이따금/바람은 한려수도에서 불어오고/느릅나무 어린 잎들이/가늘게 몸을 흔들곤 하였다.〉고 노래하였다.

오늘도 일장춘몽의 잠에서 깨어났다. 어린 시절부터 어머니 몸시계에 길들여진 나의 기상 시간은 새벽 두세 시이다. 나는 5남 3녀 중 막내로 자랐다. 맏오빠는 일곱 살 때 콜레라로 죽었다는데, 엄마는 가끔 그 오빠를 놓친 것을 아쉬워하였다. 아버지는 자식 여섯을 낳고부터

두 살림을 시작하여 막내인 내 기억 속에 아버지를 아버지라고 불러 본 적이 얼마 되지 않는다. 그러니 어머니는 거대한 보호수처럼 자식들을 온몸으로 껴안고 사셨다.

아버지는 만년에 중풍을 얻어 본가로 돌아오셨다. 어머니께 들은 이야기다. 어머니는 일본 정신대에 끌려가지 않으려고 선택한 결혼이었지만 아버지를 만나 자식 낳고 살았던 시절을 회상하면서 "평소 너희들 오붓이 앉아 밥 먹일 때가 제일 행복했다던 당신의 얼굴,"(「마지막 말」에서)처럼 그래도 엇나간 자식 하나 없이 올바르게 잘 사는 것을 보면 행복하다던 어머니의 말씀이 지금도 귀에 생생하다.

어머니는 그 작은 체구에서 어떤 강한 힘을 얻었기에 아버지가 남겨놓은 빚을 다 갚고, 칠 남매를 모두 공부와 결혼까지 시키셨는지 고된 삶을 자신의 온몸으로 부딪치면서도 선한 마음만은 잃지 않고 이웃 주변인까지 돌보셨는지, 지금도 딸들 한자리에 모이면 어머니의 삶을 되돌아 보게 한다. 아마도 그것은 "악한 끝은 없어도 선한 끝은 있다."는 신념으로 살았던 당신의 믿음과 사랑의 힘이 아니었을까 생각한다.

어머니의 관한 시편으로 「어리숙한 고집」, 「남천」, 「노래하는 장맛」 등이다.

2

　나는 대학 시절 같은 독문학과 선배를 만나 연애결혼을 하였다. 그를 처음 만날 무렵에 그의 아버지와 형 모두 암으로 죽게 되자 그는 학업과 식육식당 운영을 병행해야 했다. 나는 친정어머니의 심한 반대에 부딪혀 일 년 동안 지리산 친구집에 있으면서 결혼 승낙을 받았다. 그때는 그만 있으면 다 괜찮을 것 같았다. 그러나 운명의 신은 그것마저 나에게 허락하지 않았다.
　내게 시어머니, 조카 둘, 생후 육 개월된 딸, 시동생, 시누이가 남겨졌다. 시동생이 결혼하기까지 4년간 누대의 가계인 식육점을 운영하며 함께 살았다. 남편은 결혼 18개월 만에 밤낚시 갔다 온다더니 영영 돌아오지 않았는데, 나는 매일 하루치의 삶을 숙제하듯이 생의 마지막 날로 여기며 살았다.

　그때 눈물이라도 흘리면 그대로 녹아내릴 것만 같아 마음 놓고 울 수도 없어서 가슴에서 속울음 소리만 웅웅거렸다. 그때 눈물샘이 말라버렸는지, 어떨 땐 울고 싶어도 눈과 목울대에서 피처럼 쎄한 맛이 끓어오르다가 바로 실신할 만큼 격해져 버리니 마음 놓고 울 수도 없었다. 그렇게 살아내기 위한 몸부림이 나도 모르는 사이에 내 몸의 언어가 되어 영혼의 기도 말처럼 쓴「정동진에서」, 「바람따라 물결따라」, 「알박힌 첫사랑」, 「아무도 말하지 않았다」 등의 시편들이다.

3
 신이 사람에게 생을 줄 때는 반드시 해답처럼 시련 끝에 영적 보상이 따른다. 나의 어머니에게서 물려받은 삶의 방식은 측은지심으로 보면 얼음처럼 맑게 사물과 시의 본연의 모습을 드러낸다. 때때로 그들은 말을 걸듯 툭, 툭, 건너오고 그것은 알아주면 술술 그들의 마음을 보여준다. 이때는 이슬처럼 맑고 깨끗한 내 영혼을 필요로 한다.
 윌리엄 블레이크의 『마음을 말하면 세상이 나에게 온다』에는 "나의 탄생을 주관한 천사가 말했다. 기쁨과 환희로 만들어진 어린 생명아, 가서 사랑해라. 세상에 도와주는 것이 아무것도 없더라도."라고 적어두었다.

 마치 가톨릭 사제들이 하느님께 첫 서원을 할 때, 바닥에 납작 엎드린 채 자신을 봉헌하는 것처럼 자신에게서 떨어져 나온 자아가 자연과 하나 되는 것은 멍 때리는 일과 같다. 교감하기 좋은 상태가 되는 것이다. 나는 살면서 4번 정도 직접 체험한 일인데 불현듯 신의 소리를 들은 적 있다. 그가 죽었을 때, 딸이 호주 시드니에서

교통사고 당했을 때, 집에서 혼자 기도할 때, 성지순례 길에서 십자가 예수님의 광휘를 보았을 때, 그리고 방언과 치유의 기도 속에서 듣게 되는 울림처럼 불현듯이 던져지는 것. 내가 우주의 운행에 설핏 끼어드는 느낌으로 부드럽고 경이로운 체험이 주어지는 것이다.

   그러면 내 영혼은 선한 힘에 이끌려 순응하게 된다. 「밤하늘의 주파수」, 「장맛비」, 「성긴 인연」, 「모르는 것은 없는 것인가」, 「좁은 구멍 속 본향이 있다」 등의 시편들이다.

   이스라엘 성지순례길 성요셉 성당 미사 중에 체험한 '좁은 구멍 속 본향이 있다'는 제임스 조이스의 소설 『젊은 예술가의 초상』의 내용을 인용하면 이러한 신비적 순간의 정신 상태를 시인 셸리는 아름답게도 '꺼져가는 숯불'에 비유했고, 이탈리아의 생리학자 루이기 갈바니가 셸리에 거의 못지않게 '심장이 황홀한 상태'라고 말한 저 심장의 상태와 흡사한 것이다.

   나는 그가 죽던 날, 내게 들린 첫소리 "장사 잘 했나." 사람은 보이지 않고 소리로만 마지막을 들려주었던 것, 나는 이때 영안이 열린 것으로 본다. 여기서 영적인 체험을 일일이 다 말하기에는 한계가 있다. 하지만 나는 그것으로 성경과 다른 책들의 이해를 예지몽처럼 깊이에

깊이를 더하여 가며 이해할 수 있었던 것을 다시 시의 옷을 입혀 나의 숨통을 틔우고 있다.

그것을 직접 겪지 않고는 쉽게 이해하거나 완전히 알아들을 수 없는 사람들의 이야기가 될 수도 있지만, 아니타 무르자니의 『나로 살아가는 기쁨』, 『그리고 모든 것이 변했다.』를 읽고 나와 같은 일을 겪는 사람도 있다는 것에도 기쁘고 감사하다.

4

대학 2학년 때 세례를 받고 냉담하다가 새 인연을 만나 다시 성당을 가게 되었다. 이 힘든 세상에 나를 위해 죽고 부활한 이가 여기 있다는 예수님의 십자가 앞에 고백하고 나면 세상이 줄 수 없는 평온함을 느낄 수 있었다. 물론 타종교를 믿는 이들도 나름의 이유가 있겠지만, 내가 살아온 삶과 미래로 나아갈 푯대로서 예수님의 구원과 부활에 힘입어 얻을 수 있는 방법이 고난을 통한 것이어야 한다. 내가 겪은 시련이 시련만으로 그치지 않음이 크나큰 위로와 위안을 받는 것이다. 나의 시 또한 그렇게 태어났다.

세월이 흘러 다시 사랑하는 사람이 생겼다. 이번에도 사랑은 결코 만만치 않았다. 마치 목전에 죽음을 앞둔 것처럼 나를 겸손하게 만들었다. 그는 사고로 죽을 고비를 세 번이나 넘겼다. 옆에서 지켜볼 수밖에 없는 이의 심정으로 쓴「한 끗 차이」,「꽃이 어찌 그냥 피었겠는가」,「지형도」,「호접란」,「몬스테라 몸을 찢다」,「애귀뚜라미, 더듬이를 세우다」등이다.

5

불교의 연기법에는 모든 현상과 존재가 서로 의존적으로 연결되어 있으며, 원인과 조건이 결합해 결과가 생긴다는 것인데, 사물과 상황이 서로 그물망처럼 연결되어 있듯이 우리 서로 연결되어 있다는 것에 동감한다. 고진감래를 마음으로 새겨 몸으로 터득하는 것인데 한 많은 인생을 살다가 외롭게 죽어 간 영혼들을 위로하며 쓴「봄볕에 마음 내어놓은」,「도깨비 바늘처럼」, 그리고 사람들의 애환을 그린 시「비타민나무에게」,「11월과 주의보」등이다.

이제 인생 육십 고개를 넘고 보니 감사할 것만 남은 것 같아 신기할 따름이다. 이쯤 맹자의 천강대임론을 생각해 보는데 하늘은 사람에게 시련과 고통을 주어 미리 단련을 통해 임무를 주신다고 했다. 여러 시련을 겪다 보면 특히 죽음과 맞닥뜨린 영혼들을 보면 우리가 무엇을 보고 어떻게 살아가야 할 것인가?하는 질문을 나 자신에게 해 본다. 시아버지와 조카의 죽음을 모티브로 하여 쓴 「아버지 몸에 꽃 피었다」, 「막다른 길」가 있고, 나는 참된 것을 찾고 구하면서 살고 싶다. 그렇게 살려고 나름 무지 애쓴다. 부드럽고 연하지만 순간적인 존재감조차 포기하지 않는 아침 이슬처럼 하루를 살아도 맑고 투명하게 살고 싶은 로망이 있다. 「아침 이슬」, 또 다른 이름의 꿈, 몽환적 상황 속에서 쓴 「햇빛 누드」, 「구름 환상통」, 「불멍」, 「벚꽃은 하늘을 먹고」 등이 있다.

6

자연에 순응하며 살고자 7년 전 팔공산으로 이사하여 쓴 시가 「알람 시계에는 시간이 없다」이다. 집 이름을 '알움예가'라 지었다. 알움이 생명을 말하는 순우리말로 남편과 함께 지은 나의 예명이기도 하다.

마침내 낙원으로 가는 길에서 「단풍 만나라」, 「거미 빛을 엮다」에서처럼 매일 성경과 책을 읽고 기도와 시로써 자아를 성찰하고 영혼 돌보기도 한다.

윌리엄 블레이크는 "모래 한 알에서 세상을 보고, 들꽃 한 송이에서 천국을 본다."고 하였다. 시인은 결국 한 알의 모래에서 세상을 보고, 체험을 바탕으로 시라는 영물을 창작하는 게 아니겠는가.

만인시인선 89
밤하늘의 주파수

초판 인쇄 2025년 11월 10일
초판 발행 2025년 11월 15일

지은이 / 이 애 란
펴낸이 / 박 진 환

펴낸 곳 / 만인사
출판등록 / 1996년 4월 20일 제03-01-306호
주소 / 41960 대구광역시 중구 명륜로 116
전화 / (053)422-0550
팩스 / (053)426-9543
전자우편 / maninsa@daum.net
홈페이지 / www.maninsa.co.kr

ⓒ 이애란, 2025

ISBN 978-89-6349-200-1 03810

값 12,000원

* 이 책의 내용의 전부나 일부를 사용하려면 반드시 저작권자나 만인사 양측의 동의를 받아야 합니다.
* 이 책은 2025년 경북문화재단 지역문화예술활성화지원사업 보조금을 받아 발간되었습니다.

만/인/시/인/선

1. **이하석** 시집 | 高靈을 그리다
2. **박주일** 시집 | 물빛, 그 영원
3. **이동순** 시집 | 기차는 달린다
4. **박진형** 시집 | 풀밭의 담론
5. **이정환** 시집 | 원에 관하여
6. **김선굉** 시집 | 철학하는 엘리베이터
7. **박기섭** 시집 | 하늘에 밑줄이나 긋고
8. **오늘의 시 동인** | 「오늘의 시」 자선집
9. **권국명** 시집 | 으능나무 금빛 몸
10. **문무학** 시집 | 풀을 읽다
11. **황명자** 시집 | 귀단지
12. **조두섭** 시집 | 망치로 고요를 펴다
13. **윤희수** 시집 | 풍경의 틈
14. **장하빈** 시집 | 비, 혹은 얼룩말
15. **이종문** 시집 | 봄날도 환한 봄날
16. **박상옥** 시집 | 허전한 인사
17. **박진형** 시집 | 너를 숨쉰다
18. **정유정** 시집 | 보석을 사면 캄캄해진다
19. **송진환** 시집 | 조롱당하다
20. **권국명** 시집 | 초록 교신
21. **김기연** 시집 | 소리에 젖다
22. **송광순** 시집 | 나는 목수다
23. **김세진** 시집 | 점자블록
24. **박상봉** 시집 | 카페 물땡땡
25. **조행자** 시집 | 지금은 3시
26. **박기섭** 시집 | 엮음 愁心歌
27. **제이슨** 시집 | 테이블 전쟁
28. **김현옥** 시집 | 언더그라운드
29. **노태맹** 시집 | 푸른 염소를 부르다
30. **이하석 외** | 오리 시집
31. **이정환** 시집 | 분홍 물갈퀴
32. **김선굉** 시집 | 나는 오리 할아버지
33. **이경임** 시집 | 프리지아 칸타타
34. **권세홍** 시집 | 능소화 붉은 집
35. **이숙경** 시집 | 파두
36. **이익주** 시집 | 달빛 환상
37. **김현옥** 시집 | 니르바나 카페
38. **도광의** 시집 | 하양의 강물
39. **박진형** 시집 | 풀등
40. **박정남 외** | 대구여성시 20인선집
41. **박기섭** 시집 | 角北
42. **윤성도** 시집 | 고통과 함께 잠들다
43. **권운지** 시집 | 갈라파고스
44. **김연대** 시집 | 아지랑이 만지장서
45. **윤희수** 시집 | 정곡
46. **김상윤** 시집 | 슈뢰딩거의 고양이
47. **박지영** 시집 | 검은 맛
48. **박영교** 시집 | 춤
49. **이정환** 엮음 | 현대여성시조 21인선집
50. **박진형** 엮음 | 서른 여섯 편의 사랑노래